Adio a Thynnu

Adding and Subtracting

Gair byr ar gyfer rhieni:
Rydym yn argymell bod oedolyn yn rhoi amser i'r plentyn wrth wneud yr ymarferion. Bydd cyfle wedyn i gynnig anogaeth a chyfarwyddiadau i'r plentyn. Chwiliwch am le tawel i weithio - byddai cael bwrdd i weithio arno yn ddelfrydol. Cofiwch annog y plentyn i ddal y pensil neu'r pen yn iawn. Ceisiwch weithio ar yr un cyflymder â'r plentyn a pheidiwch â threulio gormod o amser ar un gweithgaredd. Yn fwy na dim, gwnewch y profiad yn un difyr a hwyliog - mwynhewch y profiad gyda'ch gilydd!

Paratowyd y testun a'r arlunwaith gan Jeannette O'Toole
Cynllun y clawr gan Dan Green
Ymgynghorydd addysgol Nina Filipek
Addaswyd i'r Gymraeg gan Glyn a Gill Saunders Jones,
a Megan Lewis

www.atebol.com

Tablau adio
Addition tables

Chwiliwch am y sticeri i gwblhau'r tablau adio isod.

Find the stickers to complete the addition tables below.

+1

$1 + 1 = 2$

$2 + 1 = 3$

$3 + 1 = 4$

$4 + 1 = 5$

$5 + 1 = 6$

$6 + 1 = 7$

$7 + 1 = 8$

$8 + 1 = 9$

Rhowch y sticer yma
Place your sticker here

$10 + 1 = 11$

$11 + 1 = 12$

$12 + 1 = 13$

+2

$1 + 2 = 3$

$2 + 2 = 4$

$3 + 2 = 5$

$4 + 2 = 6$

$5 + 2 = 7$

$6 + 2 = 8$

$7 + 2 = 9$

$8 + 2 = 10$

$9 + 2 = 11$

$10 + 2 = 12$

$11 + 2 = 13$

$12 + 2 = 14$

+3

$1 + 3 = 4$

$2 + 3 = 5$

Rhowch y sticer yma
Place your sticker here

$4 + 3 = 7$

$5 + 3 = 8$

$6 + 3 = 9$

$7 + 3 = 10$

$8 + 3 = 11$

$9 + 3 = 12$

$10 + 3 = 13$

$11 + 3 = 14$

$12 + 3 = 15$

 +  =

Rhowch y sticer seren yma
Place your star sticker here

+4

1 + 4 = 5

2 + 4 = 6

3 + 4 = 7

4 + 4 = 8

5 + 4 = 9

6 + 4 = 10

7 + 4 = 11

8 + 4 = 12

9 + 4 = 13

10 + 4 = 14

11 + 4 = 15

12 + 4 = 16

+5

1 + 5 = 6

2 + 5 = 7

3 + 5 = 8

4 + 5 = 9

5 + 5 = 10

6 + 5 = 11

7 + 5 = 12

Rhowch y
sticer yma
Place your sticker here

9 + 5 = 14

10 + 5 = 15

11 + 5 = 16

12 + 5 = 17

+6

1 + 6 = 7

2 + 6 = 8

3 + 6 = 9

4 + 6 = 10

5 + 6 = 11

6 + 6 = 12

7 + 6 = 13

8 + 6 = 14

9 + 6 = 15

10 + 6 = 16

11 + 6 = 17

Rhowch y
sticer yma
Place your sticker here

Rhowch y sticer
seren yma
Place your star
sticker here

Tablau adio
Addition tables

Chwiliwch am y sticeri i gwblhau'r tablau adio isod.
Ewch ati i ddysgu'r tablau adio fel eich bod yn eu cofio.

Find the stickers to complete the addition tables below. Learn the addition tables so that you can remember them.

+7

$1 + 7 = 8$

$2 + 7 = 9$

$3 + 7 = 10$

$4 + 7 = 11$

$5 + 7 = 12$

$6 + 7 = 13$

$7 + 7 = 14$

$8 + 7 = 15$

$9 + 7 = 16$

$10 + 7 = 17$

$11 + 7 = 18$

$12 + 7 = 19$

+8

$1 + 8 = 9$

$2 + 8 = 10$

$3 + 8 = 11$

$4 + 8 = 12$

Rhowch y
sticer yma
Place your sticker here

$6 + 8 = 14$

$7 + 8 = 15$

$8 + 8 = 16$

$9 + 8 = 17$

$10 + 8 = 18$

$11 + 8 = 19$

$12 + 8 = 20$

+9

$1 + 9 = 10$

Rhowch y
sticer yma
Place your sticker here

$3 + 9 = 12$

$4 + 9 = 13$

$5 + 9 = 14$

$6 + 9 = 15$

$7 + 9 = 16$

$8 + 9 = 17$

$9 + 9 = 18$

$10 + 9 = 19$

$11 + 9 = 20$

$12 + 9 = 21$

Rhowch y sticer
seren yma
Place your star
sticker here

+10

1 + 10 = 11
2 + 10 = 12
3 + 10 = 13
4 + 10 = 14
5 + 10 = 15
6 + 10 = 16
7 + 10 = 17

Rhowch y
sticer yma
Place your sticker here

9 + 10 = 19
10 + 10 = 20
11 + 10 = 21
12 + 10 = 22

+11

1 + 11 = 12
2 + 11 = 13
3 + 11 = 14
4 + 11 = 15
5 + 11 = 16
6 + 11 = 17
7 + 11 = 18
8 + 11 = 19
9 + 11 = 20
10 + 11 = 21
11 + 11 = 22
12 + 11 = 23

+12

1 + 12 = 13
2 + 12 = 14

Rhowch y
sticer yma
Place your sticker here

4 + 12 = 16
5 + 12 = 17
6 + 12 = 18
7 + 12 = 19
8 + 12 = 20
9 + 12 = 21
10 + 12 = 22
11 + 12 = 23
12 + 12 = 24

Helpwch yr eliffant
Elephant sums

Adiwch y rhifau. Rhowch yr atebion yn y bwcedi.
Chwiliwch am y sticer ar gyfer y sym olaf.

Do the sums and write the answers on the buckets. Find the answer sticker for the last sum.

6 + 2 =

4 + 4 =

3 + 7 =

Rhowch
y sticer yma
Place your
sticker here

Rhowch y sticer
seren yma
Place your star
sticker here

Adio ar y fferm
Addition on the farm

Ysgrifennwch y rhifau cywir yn y bocsys. Chwiliwch am y sticeri cywir i'w gosod.

Write the missing numbers in the boxes and find the number stickers.

$4 + \boxed{} = 8$

$\boxed{} + 7 = 12$

$7 + \boxed{} = 14$

$4 + 3 = \boxed{}$

$1 + \boxed{} = 10$

$\boxed{} + 10 = 20$

$2 + \boxed{} = 4$

$7 + 9 = \boxed{}$

$7 + \boxed{} = 19$

$\boxed{} + 11 = 11$

$8 + \boxed{} = 21$

$18 + 12 = \boxed{}$

Rhifau coll
Missing numbers

Chwiliwch am y sticeri a gosodwch nhw'n eu lle. Ysgrifennwch y rhifau sydd ar goll yn y bocsys. Chwiliwch am y sticer rhif ar gyfer yr olaf.

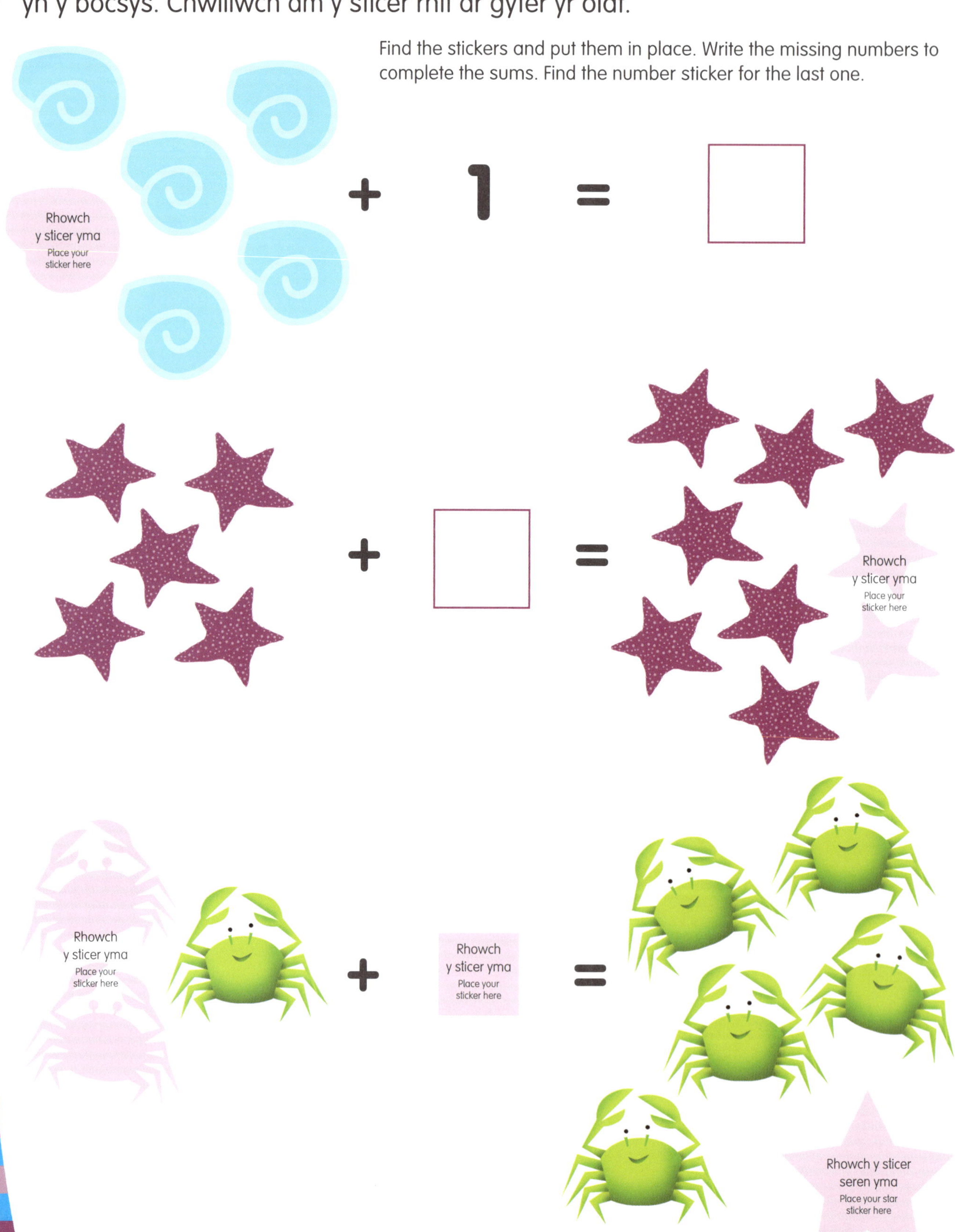

Cyfrif y ffenestri
Window sums

Cyfrifwch y rhifau ar y ffenestri. Rhowch yr atebion ar y drysau.

Do the sums and place the answer stickers on the doors.

Hedfan barcut
Kite sums

Cyfrifwch nifer y dolennau sydd ar y barcut. Wedi i chi gyfrif y dolennau, gwnewch lun o'r dolennau ar y barcut olaf. Chwiliwch am y sticer ateb ar gyfer yr olaf.

Do the sums by counting the bows on the kites. When you have an answer, draw the same number of bows on the last kite.
Find the answer sticker for the last sum.

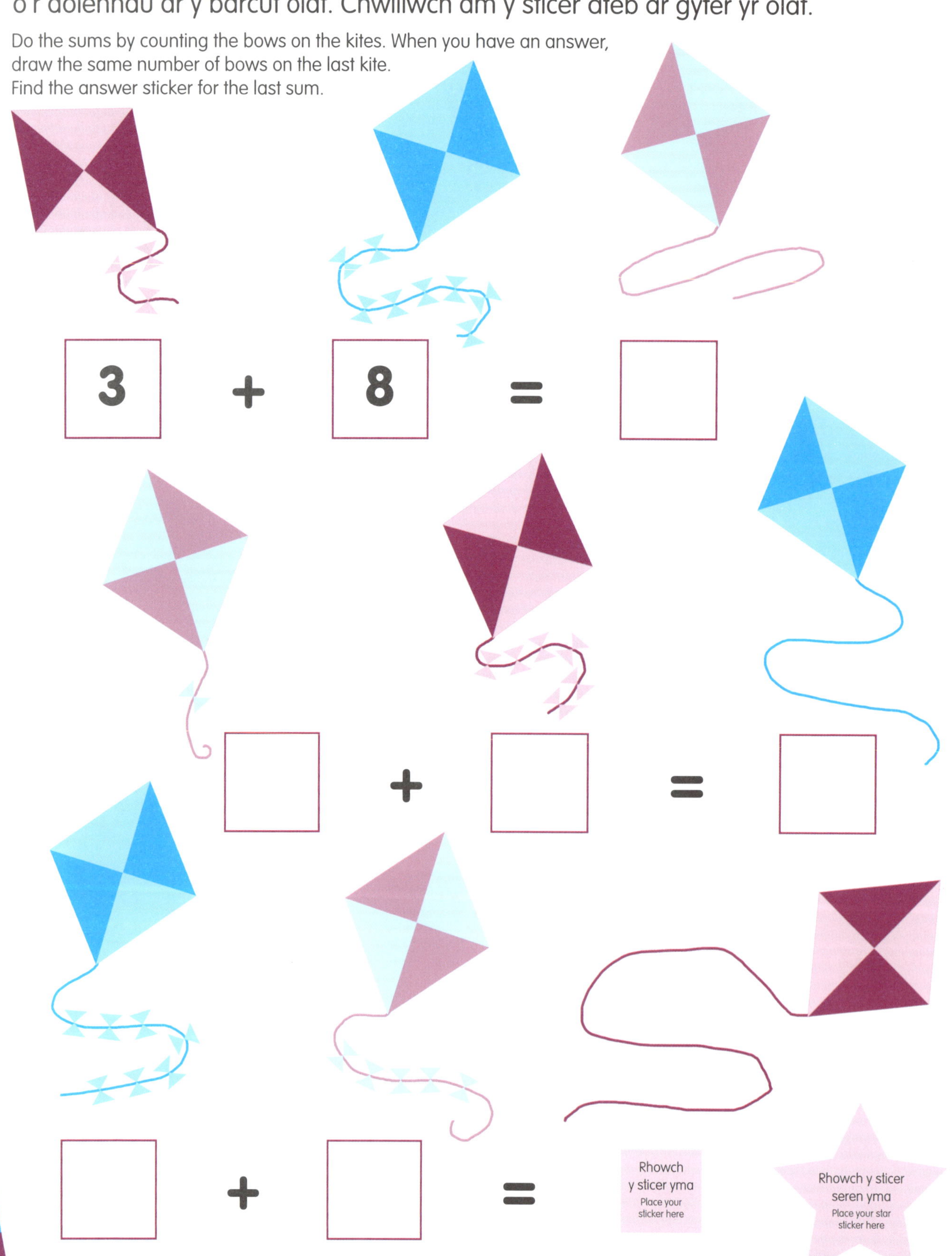

Balŵns
Balloon sums

Rhowch y sticer yn ei le. Mae'r atebion i'w gweld ar grysau-T y plant.
Tynnwch linell rhwng y balŵn a'r crys-T sy'n dangos yr ateb cywir.

Find the sticker and put it in place. The answers to the balloon sums are on the children. Draw a line to join each balloon to the correct child.

8 + 11 =

9 + 9 =

12 + 10 =

Rhowch
y sticer yma
Place your
sticker here

Rhowch y sticer
seren yma
Place your star
sticker here

Posau
Puzzles

Cwblhewch y pos. Rhowch y rhifau sydd ar goll yn y bocsys gwag a chwiliwch am y sticeri rhif sydd ar goll.

Do the sums in the grids by filling in the missing numbers and finding the missing number stickers.

	+	8	=	12
+		+		+
1	+		=	Rhowch y sticer yma **Place your sticker here**
=		=		=
	+	11	=	16

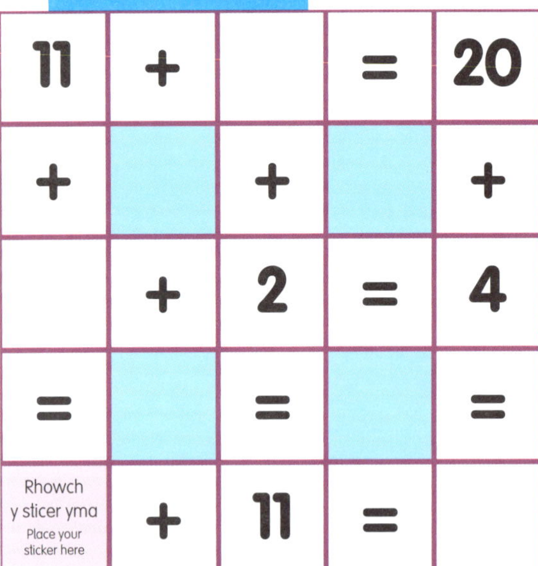

11	+		=	20
+		+		+
	+	2	=	4
=		=		=
Rhowch y sticer yma **Place your sticker here**	+	11	=	

Croesair mathemateg
Sums crossword

Cwblhewch y croesair. Rhowch yr atebion yn y bocsys a chwiliwch am y sticeri ateb.

Do the sums. Write the answers in the boxes and find the answer stickers.

a   6 + 6 =

b   2 + 0 =

c   3 + 7 =

ch   9 + 2 =

d   3 + 1 =

dd   1 + 0 =

e   5 + 3 =

f   2 + 1 =

Rhowch y sticer yma
Place your sticker here

Dilynwch y llythrennau ar draws ac ar i lawr ac ysgrifennwch yr atebion fel geiriau yn y grid.

Follow the letters across and down and write the answers as Welsh words in the crossword grid.

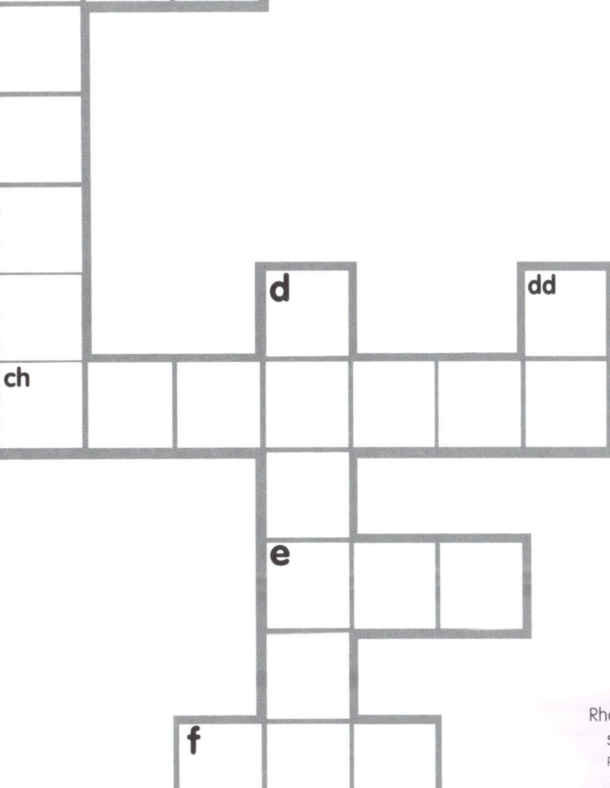

Rhowch y sticer seren yma
Place your star sticker here

"

Llinell rif
Number line

Cyfrifwch y rhifau ar y balŵns. Tynnwch linell rhwng y balŵn a'r ateb cywir ar y llinell rif ar waelod y dudalen. Chwiliwch am y sticeri ateb.

Do the sums on the hot-air balloons. Write the answers on the baskets and find the missing answer stickers. Draw a line to join each answer to its place on the number line.

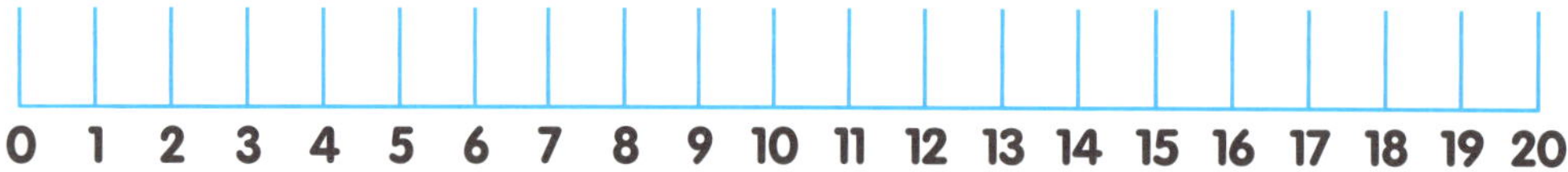

Rhowch y sticer
seren yma
Place your star
sticker here

Beth sy'n perthyn?
Match the answers

Tynnwch linell rhwng y cwch a'r angor cywir ar waelod y dudalen. Chwiliwch am y sticer ateb.

Draw lines to join the sums on the sailboats to the answers on the anchors. Find the missing answer sticker.

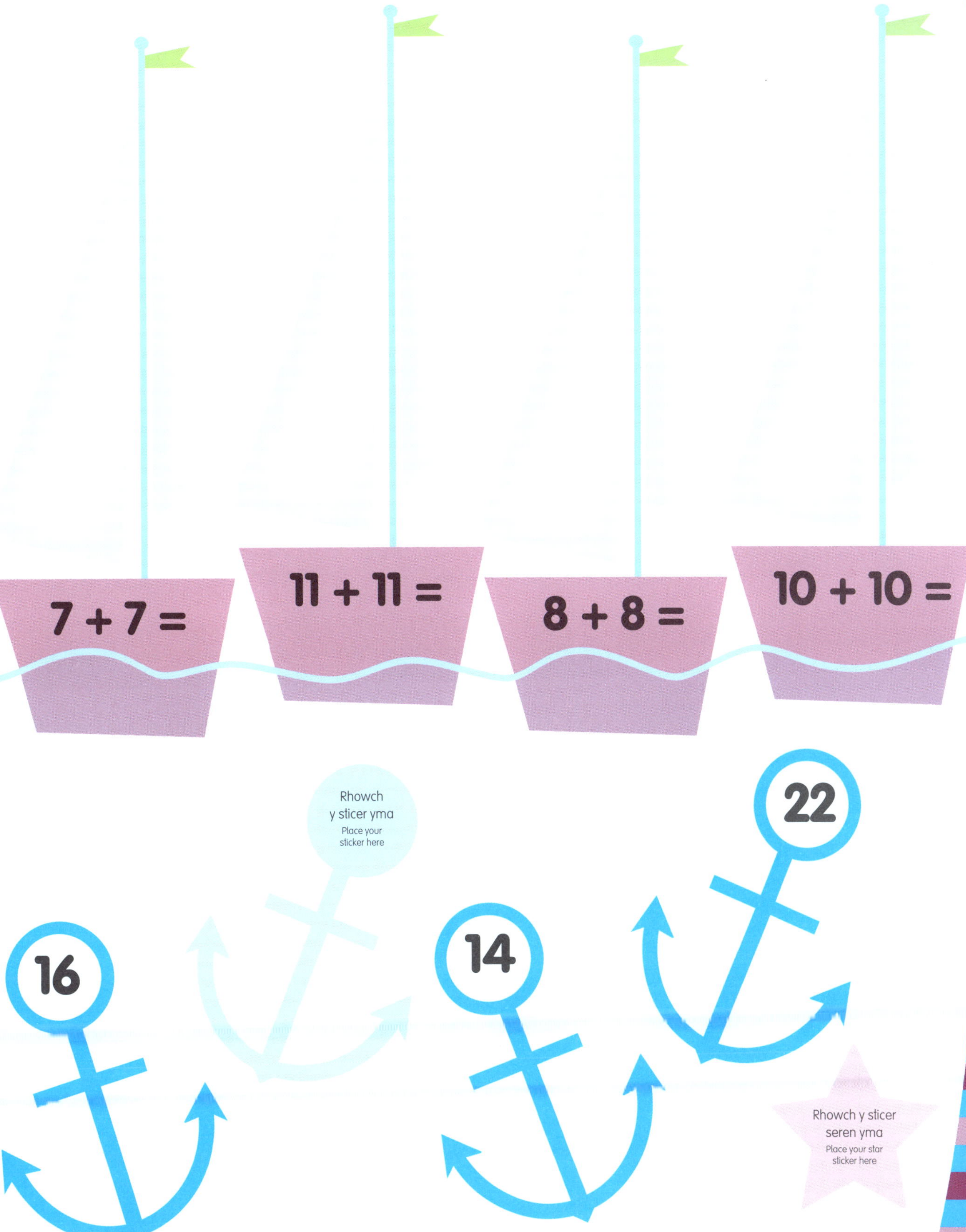

Prawf adio
Addition test

Atebwch y cwestiynau. Rhowch yr ateb cywir yn y bocs.
Edrychwch ar y tablau adio i wneud yn siŵr bod eich atebion yn gywir.
Chwiliwch am y sticeri ateb.

Do the sums. Write the answers in the boxes and find the answer stickers. Check your answers by looking at the addition tables at the beginning of the book.

11 + 2 =

6 + 7 =

10 + 5 =

6 + 9 =

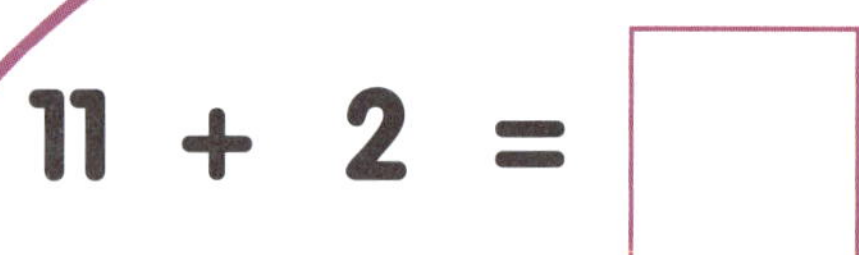

3 + 12 =

2 + 8 =

7 + 6 =

5 + 5 =

8 + 8 =

10 + 3 =

2 + 2 =

4 + 5 =

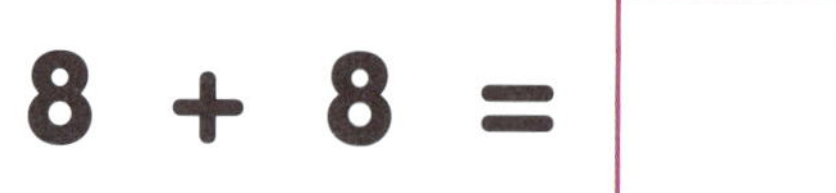

10   5   2   0   2   14   10   15   12   4   13   11

9 + 1 = 10
3 + 3 = 6
8 + 5 = 13
12 + 6 = 18
5 + 8 = 13
2 + 9 = 11
8 + 10 = 18
3 + 12 = 15

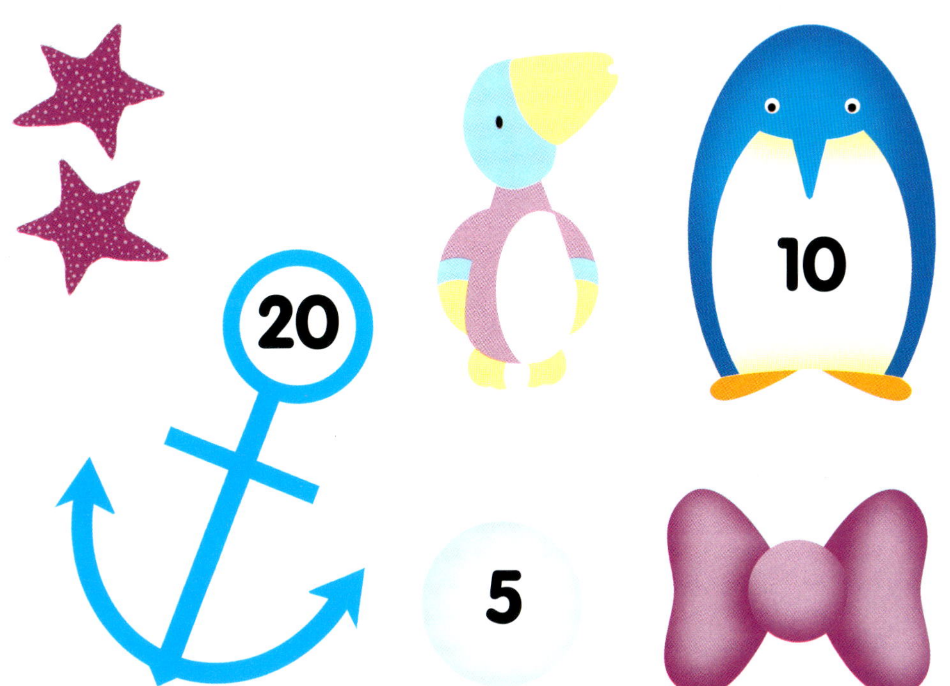

1   15   17   13   10   9   6   15   12   12   11   8

6 - 1 = 5
11 - 2 = 9
7 - 4 = 3
15 - 6 = 9
14 - 7 = 7
21 - 9 = 12
18 - 10 = 8
17 - 11 = 6

4   30   10   8   6   10   14   1

5 + 8 =

1 + 9 =

3 + 3 =

6 + 6 =

4 + 7 =

9 + 6 =

11 + 11 =

7 + 12 =

3 + 9 =

4 + 2 =

12 + 4 =

8 + 4 =

10 + 6 =

5 + 3 =

Tablau tynnu
Subtraction tables

Chwiliwch am y sticeri i gwblhau'r tablau tynnu isod. Dysgwch y tablau tynnu yma. Cofiwch y gwaith.

Find the stickers to complete the subtraction tables below. Learn the subtraction tables so that you can remember them.

−1

2 − 1 = 1
3 − 1 = 2
4 − 1 = 3
5 − 1 = 4

Rhowch y sticer yma
Place your sticker here

7 − 1 = 6
8 − 1 = 7
9 − 1 = 8
10 − 1 = 9
11 − 1 = 10
12 − 1 = 11
13 − 1 = 12

−2

3 − 2 = 1
4 − 2 = 2
5 − 2 = 3
6 − 2 = 4
7 − 2 = 5
8 − 2 = 6
9 − 2 = 7
10 − 2 = 8

Rhowch y sticer yma
Place your sticker here

12 − 2 = 10
13 − 2 = 11
14 − 2 = 12

−3

4 − 3 = 1
5 − 3 = 2
6 − 3 = 3
7 − 3 = 4
8 − 3 = 5
9 − 3 = 6
10 − 3 = 7
11 − 3 = 8
12 − 3 = 9
13 − 3 = 10
14 − 3 = 11
15 − 3 = 12

Rhowch y sticer seren yma
Place your star sticker here

−4

5 − 4 = 1

6 − 4 = 2

Rhowch y
sticer yma
Place your sticker here

8 − 4 = 4

9 − 4 = 5

10 − 4 = 6

11 − 4 = 7

12 − 4 = 8

13 − 4 = 9

14 − 4 = 10

15 − 4 = 11

16 − 4 = 12

−5

6 − 5 = 1

7 − 5 = 2

8 − 5 = 3

9 − 5 = 4

10 − 5 = 5

11 − 5 = 6

12 − 5 = 7

13 − 5 = 8

14 − 5 = 9

15 − 5 = 10

16 − 5 = 11

17 − 5 = 12

−6

7 − 6 = 1

8 − 6 = 2

9 − 6 = 3

10 − 6 = 4

11 − 6 = 5

12 − 6 = 6

13 − 6 = 7

14 − 6 = 8

Rhowch y
sticer yma
Place your sticker here

16 − 6 = 10

17 − 6 = 11

18 − 6 = 12

Rhowch y sticer
seren yma
Place your star
sticker here

Tablau tynnu
Subtraction tables

Chwiliwch am y sticeri i gwblhau'r tablau tynnu isod. Dysgwch y tablau tynnu yma. Cofiwch y gwaith.

Find the stickers to complete the subtraction tables below. Learn the subtraction tables so that you can remember them.

−7

8 − 7 = 1

9 − 7 = 2

10 − 7 = 3

11 − 7 = 4

12 − 7 = 5

13 − 7 = 6

Rhowch y sticer yma
Place your sticker here

15 − 7 = 8

16 − 7 = 9

17 − 7 = 10

18 − 7 = 11

19 − 7 = 12

−8

9 − 8 = 1

10 − 8 = 2

11 − 8 = 3

12 − 8 = 4

13 − 8 = 5

14 − 8 = 6

15 − 8 = 7

16 − 8 = 8

17 − 8 = 9

18 − 8 = 10

19 − 8 = 11

20 − 8 = 12

−9

10 − 9 = 1

11 − 9 = 2

12 − 9 = 3

13 − 9 = 4

14 − 9 = 5

15 − 9 = 6

16 − 9 = 7

17 − 9 = 8

18 − 9 = 9

19 − 9 = 10

20 − 9 = 11

Rhowch y sticer yma
Place your sticker here

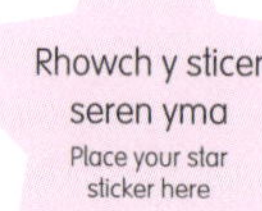

-10

11 – 10 = 1

12 – 10 = 2

13 – 10 = 3

14 – 10 = 4

15 – 10 = 5

16 – 10 = 6

17 – 10 = 7

Rhowch y
sticer yma
Place your sticker here

19 – 10 = 9

20 – 10 = 10

21 – 10 = 11

22 – 10 = 12

-11

12 – 11 = 1

13 – 11 = 2

14 – 11 = 3

15 – 11 = 4

16 – 11 = 5

Rhowch y
sticer yma
Place your sticker here

18 – 11 = 7

19 – 11 = 8

20 – 11 = 9

21 – 11 = 10

22 – 11 = 11

23 – 11 = 12

-12

13 – 12 = 1

14 – 12 = 2

15 – 12 = 3

16 – 12 = 4

17 – 12 = 5

18 – 12 = 6

19 – 12 = 7

20 – 12 = 8

21 – 12 = 9

22 – 12 = 10

23 – 12 = 11

24 – 12 = 12

Rhowch y sticer
seren yma
Place your star
sticker here

Sawl pengwin sydd yma?
Penguin subtractions

Chwiliwch am y sticeri a gosodwch nhw'n eu lle. Gwnewch eich symiau!
Rhowch yr atebion ar y pengwin ar yr ochr dde.

Find the penguin sticker and put it in place. Work out the subtractions and write the answers on the penguins on the right.

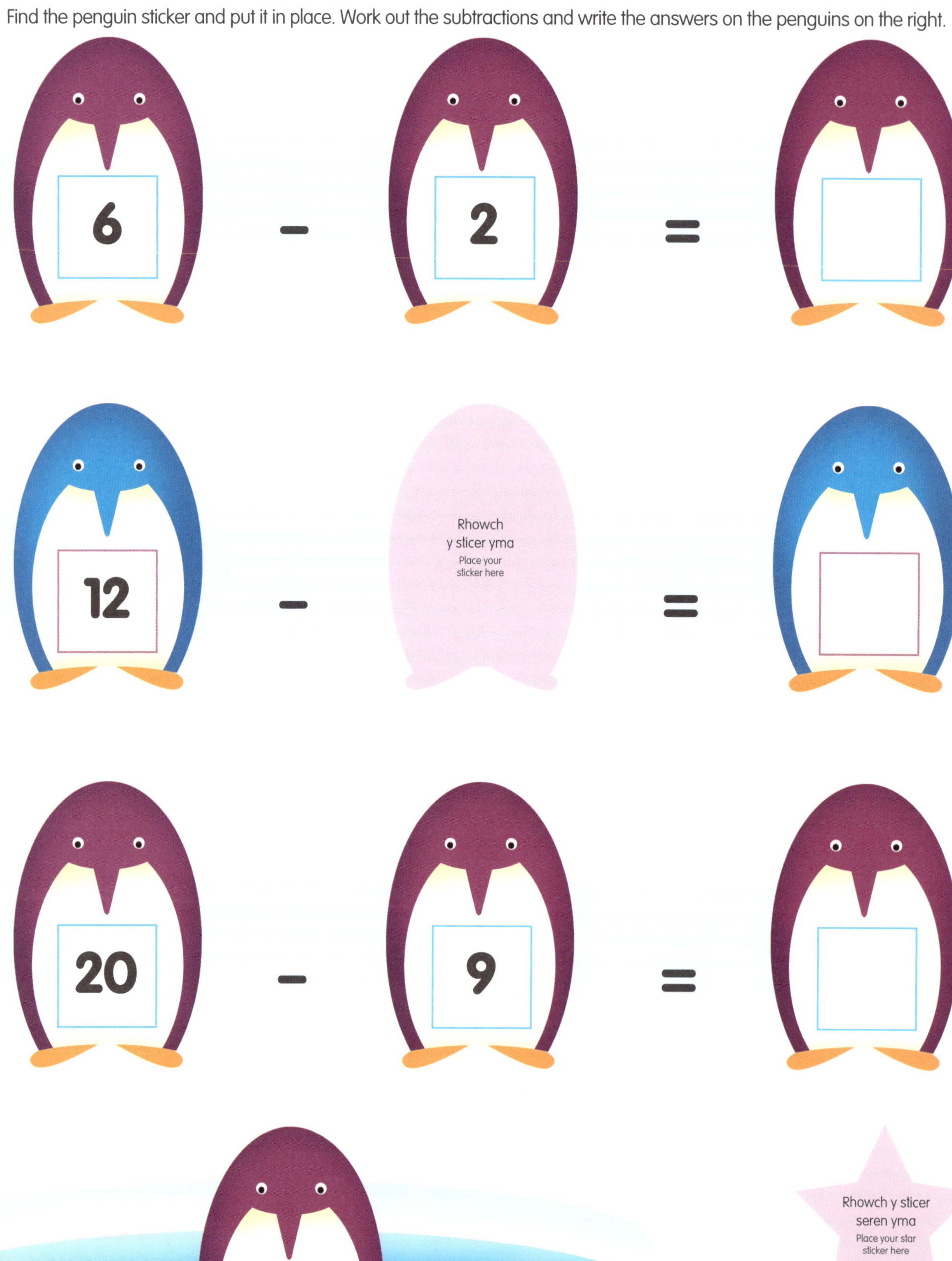

Y Gofod

In space

Rhowch y rhifau sydd ar goll yn y bocsys. Chwiliwch am y sticeri rhif.

Write the missing numbers in the boxes and find the number stickers.

$3 - \boxed{} = 0$

$\boxed{\text{Rhowch y sticer yma / Place your sticker here}} - 4 = 8$

$21 - \boxed{} = 14$

$15 - 5 = \boxed{}$

$24 - \boxed{} = 24$

$\boxed{} - 9 = 0$

$22 - \boxed{\text{Rhowch y sticer yma / Place your sticker here}} = 11$

$18 - 10 = \boxed{}$

$5 - \boxed{} = 4$

$\boxed{} - 9 = 7$

$20 - \boxed{} = 10$

$13 - 5 = \boxed{\text{Rhowch y sticer yma / Place your sticker here}}$

Rhowch y sticer seren yma

Place your star sticker here

Tynnu coes!
Fun with subtractions

Chwiliwch am y sticeri a gosodwch nhw'n eu lle.
Atebwch y cwestiynau a rhowch yr atebion yn y bocsys.

Find the stickers and put them in place. Solve these problems. Write the answers in the boxes.

Sawl banana sydd ar ôl os ydych chi'n tynnu 4 banana oddi ar y mwncïod?

Take 4 bananas away from these monkeys. How many bananas are left?

Sawl parot sydd ar ôl os bydd 3 parot yn hedfan i ffwrdd?

If 3 parrots fly away, how many parrots are left?

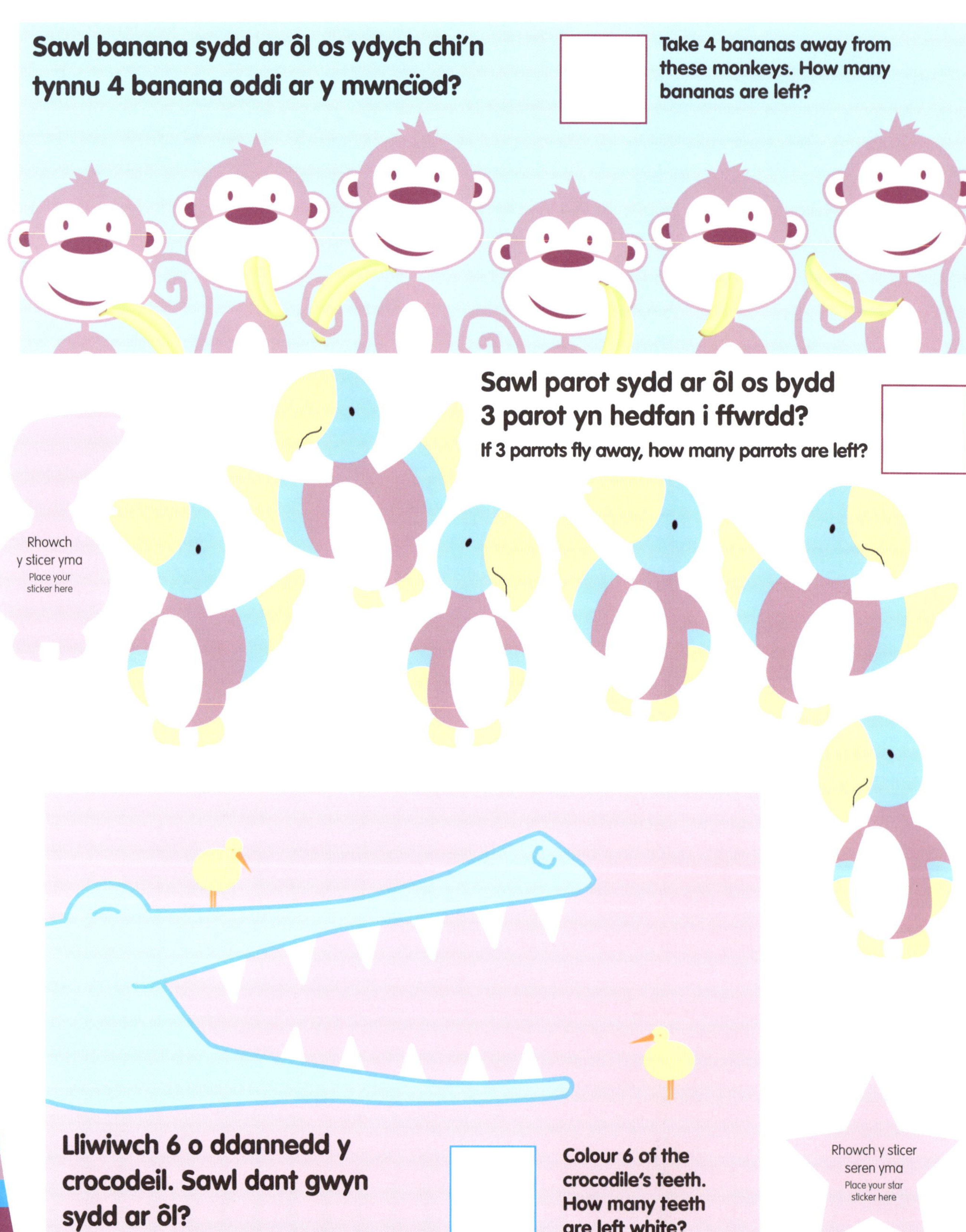

Lliwiwch 6 o ddannedd y crocodeil. Sawl dant gwyn sydd ar ôl?

Colour 6 of the crocodile's teeth. How many teeth are left white?

Sawl moronen sydd ar ôl os ydy dwy gwningen yn bwyta 2 foronen yr un?

**Two rabbits eat 2 carrots each.
How many carrots are left?**

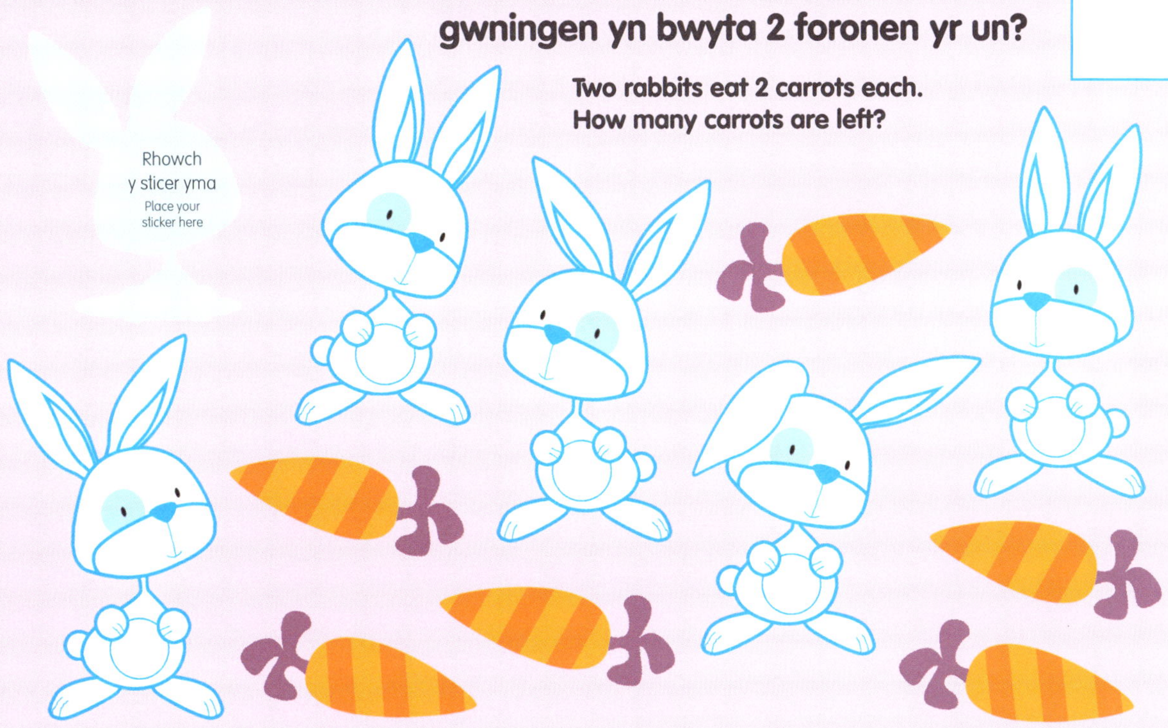

Gwnewch lun 8 cannwyll wedi'u goleuo ar y gacen. Sawl cannwyll sy'n dal i oleuo os ydy Mali yn chwythu 3 cannwyll?

**Draw 8 lighted candles on this cake.
If Molly blows out 3 candles,
how many lighted candles are left?**

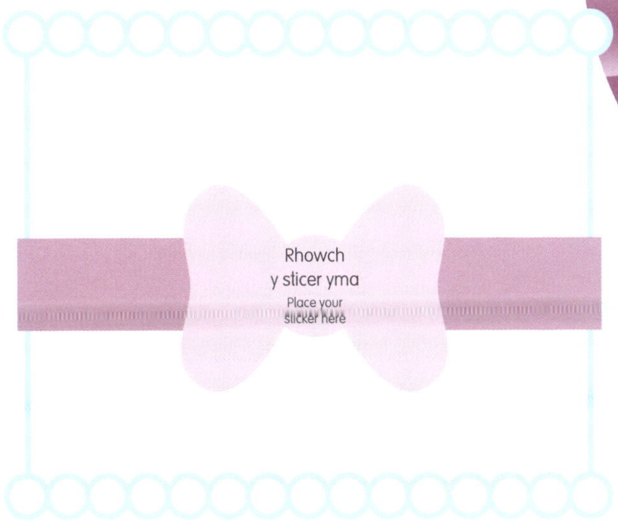

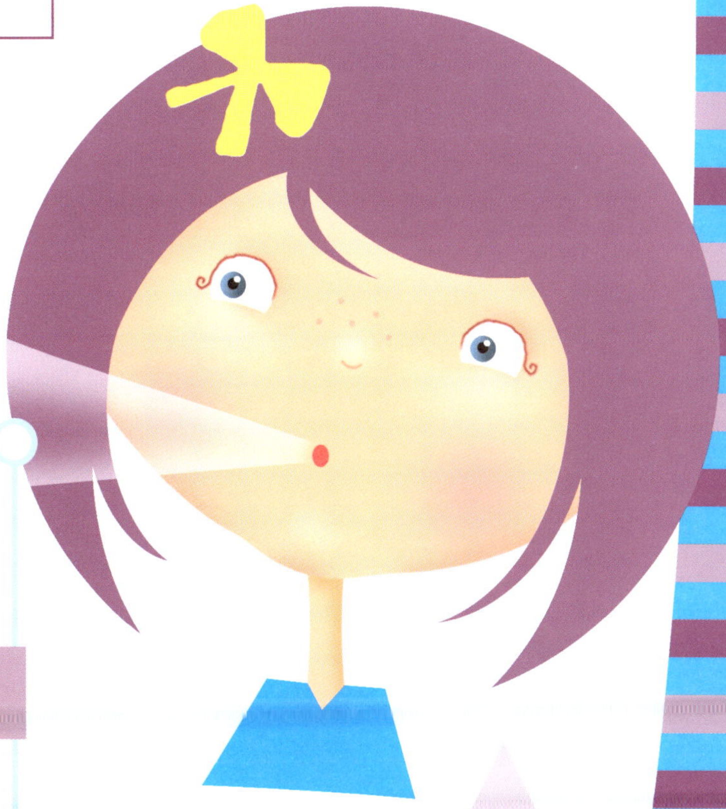

Symiau swigod
Bubble sums

Rhowch y rhifau sydd ar goll yn y swigod gwag. Chwiliwch am y sticeri rhif.

Do the subtractions by filling in the missing numbers and finding the number stickers.

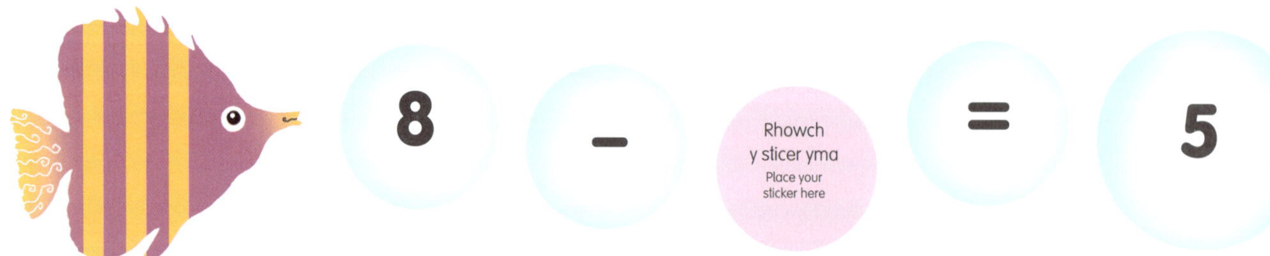

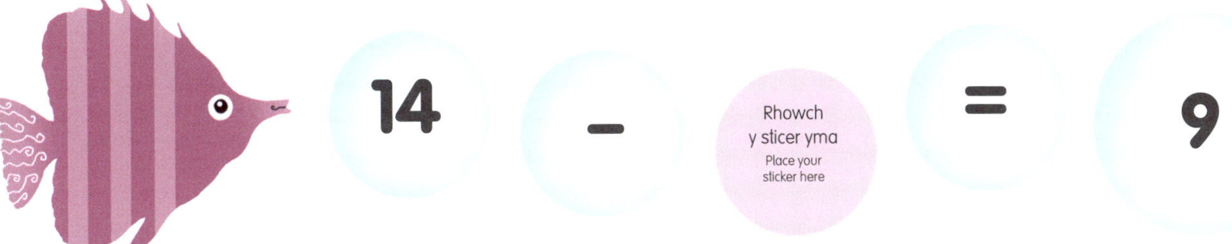

Rhowch y sticer
seren yma
Place your star
sticker here

Pa un sy'n iawn?
Which is right?

Rhowch gylch o gwmpas y symiau tynnu sy'n cyd-fynd gyda'r ateb ar ben pob bocs.

Circle the subtractions with answers that match the numbers at the top of each box.

18
10 – 7
33 – 12
15 – 3
22 – 4

40
25 – 5
50 – 10
48 – 6
10 – 5

24
30 – 6
42 – 7
64 – 8
20 – 2

21
45 – 5
21 – 7
30 – 9
10 – 4

10
5 – 5
10 – 1
12 – 2
18 – 7

8
88 – 10
16 – 8
12 – 6
72 – 9

 –  =

Chwilair tynnu
Taking away wordsearch

Atebwch y symiau tynnu yma! Rhowch yr atebion yn y bocsys a chwiliwch am y sticeri ateb. Chwiliwch am yr atebion fel geiriau yn y chwilair isod. Bydd rhaid chwilio am y geiriau i'r atebion ar draws ac ar i lawr. Rhowch gylch o gwmpas y geiriau.

Do the subtractions. Write the answers in the boxes and find the answer stickers. Look for the answers as words in the wordsearch grid. You will find them by reading across and down. Draw a ring around the words as you find them.

10 – 3 =

6 – 2 =

Rhowch y sticer yma — Place your sticker here

12 – 7 =

3 – 2 =

15 – 9 =

20 – 10 =

50 – 20 =

Rhowch y sticer yma — Place your sticker here

8 – 6 =

i	e	r	f	o	r	t	e	n
ch	w	e	ch	s	o	h	ff	h
a	s	e	p	c	p	u	m	p
f	th	s	e	y	t	rh	e	u
b	ng	a	p	e	r	t	ph	n
h	dd	i	e	m	d	r	o	ph
t	i	th	d	y	a	i	s	ll
w	d	f	w	n	u	d	i	th
ng	y	t	a	e	d	e	g	n
m	l	i	r	b	f	g	r	e

Rhowch y sticer seren yma — Place your star sticker here

Prawf tynnu
Subtraction test

Rhowch yr ateb cywir yn y bocs. Edrychwch ar y tablau i weld os ydy eich atebion yn gywir. Chwiliwch am y sticeri ateb.

Do the subtractions. Write the answers in the boxes and find the answer stickers. Check your answers by looking at the subtraction tables earlier in the book.

8 − 4 =

12 − 2 =

17 − 5 =

20 − 9 =

9 − 1 =

13 − 5 =

24 − 12 =

5 − 5 =

11 − 3 =

20 − 12 =

10 − 4 =

23 − 11 =

13 – 8 =

11 – 1 =

15 – 9 =

3 – 3 =

18 – 6 =

7 – 2 =

16 – 6 =

15 – 5 =

17 – 3 =

7 – 3 =

14 – 12 =

17 – 8 =

6 – 5 =

22 – 10 =

Helpwch yr eliffant
Elephant sums
6 + 2 = 8
4 + 4 = 8
3 + 7 = 10

Adio ar y fferm
Addition on the farm
4 + 4 = 8
5 + 7 = 12
7 + 7 = 14
4 + 3 = 7
1 + 9 = 10
10 + 10 = 20
2 + 2 = 4
7 + 9 = 16
7 + 12 = 19
0 + 11 = 11
8 + 13 = 21
18 + 12 = 30

Rhifau coll
Missing numbers
6 + 1 = 7
5 + 4 = 9
3 + 2 = 5

Cyfrif y ffenestri
Window sums
2 + 12 = 14
5 + 5 = 10
9 + 6 = 15

Hedfan barcut
Kite sums
3 + 8 = 11
1 + 6 = 7
7 + 5 = 12

Balŵns
Balloon sums
8 + 11 = 19
9 + 9 = 18
12 + 10 = 22

Posau
Puzzles

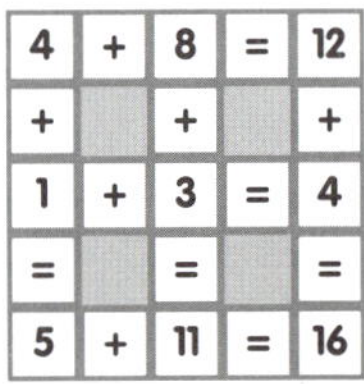

Croesair mathemateg
Sums crossword
6 + 6 = 12   3 + 1 = 4
2 + 0 = 2   1 + 0 = 1
3 + 7 = 10   2 + 1 = 3
9 + 2 = 11   5 + 3 = 8

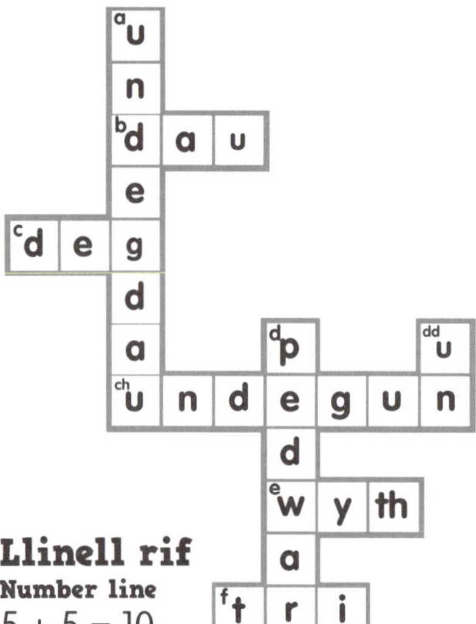

Llinell rif
Number line
5 + 5 = 10
12 + 2 = 14
13 + 2 = 15
4 + 5 = 9
16 + 1 = 17

Beth sy'n perthyn
Match the answers
7 + 7 = 14
11 + 11 = 22
8 + 8 = 16
10 + 10 = 20

Prawf adio
Addition test
11 + 2 = 13   1 + 9 = 10
6 + 7 = 13   3 + 3 = 6
10 + 5 = 15   6 + 6 = 12
6 + 9 = 15   4 + 7 = 11
3 + 12 = 15   9 + 6 = 15
2 + 8 = 10   11 + 11 = 22
7 + 6 = 13   7 + 12 = 19
5 + 5 = 10   3 + 9 = 12
8 + 8 = 16   4 + 2 = 6
10 + 3 = 13   12 + 4 = 16
2 + 2 = 4   8 + 4 = 12
4 + 5 = 9   10 + 6 = 16
5 + 8 = 13   5 + 3 = 8

Sawl pengwin sydd yma?
Penguin subtractions
6 – 2 = 4
12 – 10 = 2
20 – 9 = 11

Y Gofod
In space
3 – 3 = 0   22 – 11 = 11
12 – 4 = 8   18 – 10 = 8
21 – 7 = 14   5 – 1 = 4
15 – 5 = 10   16 – 9 = 7
24 – 0 = 24   20 – 10 = 10
9 – 9 = 0   13 – 5 = 8

Tynnu coes!
Fun with subtractions
2 banana ar ôl
2 bananas are left
4 parot ar ôl
4 parrots are left
5 dant gwyn ar ôl
5 teeth are left white
2 foronen ar ôl
2 carrots are left
5 cannwyll ar ôl
5 candles are left

Symiau swigod
Bubble sums
10 – 5 = 5   12 – 5 = 7
12 – 7 = 5   12 – 3 = 9
8 – 3 = 5   14 – 5 = 9

Pa un sy'n iawn?
Which is right?
22 – 4 = 18   30 – 9 = 21
50 – 10 = 40   12 – 2 = 10
30 – 6 = 24   16 – 8 = 8

Chwilair tynnu
Taking away wordsearch

i	e	r	f	o	r	t	e	n
ch	w	e	ch	s	o	h	ff	h
a	s	c	p	c	p	u	m	p
f	th	s	e	y	t	rh	e	u
b	ng	a	p	e	r	t	e	n
h	dd	i	e	m	d	r	o	ph
t	i	th	d	y	a	i	s	ll
w	d	f	w	n	u	d	i	th
ng	y	t	a	e	d	e	g	n
m	l	i	r	b	f	g	r	e

Prawf tynnu
Subtraction test
8 – 4 = 4   11 – 1 = 10
12 – 2 = 10   15 – 9 = 6
17 – 5 = 12   3 – 3 = 0
20 – 9 = 11   18 – 6 = 12
9 – 1 = 8   7 – 2 = 5
13 – 5 = 8   16 – 6 = 10
24 – 12 = 12   15 – 5 = 10
5 – 5 = 0   17 – 3 = 14
11 – 3 = 8   7 – 3 = 4
20 – 12 = 8   14 – 12 = 2
10 – 4 = 6   17 – 8 = 9
23 – 11 = 12   6 – 5 = 1
13 – 8 = 5   22 – 10 = 12